BEI GRIN MACHT SICH IHR WISSEN BEZAHLT

- Wir veröffentlichen Ihre Hausarbeit,
  Bachelor- und Masterarbeit

- Ihr eigenes eBook und Buch -
  weltweit in allen wichtigen Shops

- Verdienen Sie an jedem Verkauf

Jetzt bei www.GRIN.com hochladen und kostenlos publizieren

LegalTech und Rechtssubjektivität. Wer trägt die Verantwortung für computergesteuerte Entscheidungen?

Bibliografische Information der Deutschen Nationalbibliothek:

Die Deutsche Nationalbibliothek verzeichnet diese Publikation in der Deutschen Nationalbibliografie; detaillierte bibliografische Daten sind im Internet über http://dnb.d-nb.de abrufbar.

ISBN: 9783346901514
Dieses Buch ist auch als E-Book erhältlich.

Druck und Bindung: Books on Demand GmbH, Norderstedt Germany
Gedruckt auf säurefreiem Papier aus verantwortungsvollen Quellen

Das vorliegende Werk wurde sorgfältig erarbeitet. Dennoch übernehmen Autoren und Verlag für die Richtigkeit von Angaben, Hinweisen, Links und Ratschlägen sowie eventuelle Druckfehler keine Haftung.

Das Buch bei GRIN: https://www.grin.com/document/1368563

Schwerpunktseminararbeit zum Gewerblichen Rechtsschutz

Sommersemester 2020

Schwerpunktbereich Nr. 3
Geistiges Eigentum und Wettbewerb

Inhaltsverzeichnis

Literaturverzeichnis

Beck'scher Online-Kommentar BGB, herausgegeben von Bamberger, Georg/ Roth, Herbert/ Hau, Wolfgang/ Poseck, Roman, 53. Edition, München 01.02.2020, zitiert: BeckOKBGB-*Bearbeiter*.

Beck'scher Online-Kommentar Grundgesetz, herausgegeben von Epping, Volker/ Hillgruber, Christian, 29. Edition, München 01.06.2016, zitiert: BeckOKGG-*Bearbeiter*.

Beck-online.GROSSKOMMENTAR zum Bürgerlichen Gesetzbuch, herausgegeben von: Gsell, Beate/ Krüger, Wolfgang/ Lorenz, Stephan/ Reymann, Christoph, München 2020, zitiert: BOGKBGB-*Bearbeiter*.

Beck-online.GROSSKOMMENTAR zum Produkthaftungsgesetz, herausgegeben von: Gsell, Beate/ Krüger, Wolfgang/ Lorenz, Stephan/ Reymann, Christoph, München 2019, zitiert: BeckOGKProdhaftG-*Bearbeiter*.

Börding, Andreas/ Jülicher, Tim/ Röttgen, Charlotte/ von Schönfeld, Max: Neue Herausforderungen der Digitalisierung für das deutsche Zivilrecht, in: Computer und Recht, 2017, 134-140, zitiert: Börding/Jülicher/Röttgen/von Schönfeld, CR 2017, 134.

Borges, Georg: Rechtliche Rahmenbedingungen für autonome Systeme, in: Neue Juristische Woche, 2018, 977-982, zitiert: Borges, NJW 2018, 977.

Brunotte, Nico: Virtuelle Assistenten - Digitale Helfer in der Kundenkommunikation, in: Computer und Recht, 2017, 583-589, zitiert: Brunotte, CR 2017, 583.

Buchholtz, Gabriele: Legal Tech, Chancen und Risiken der digitalen Rechtsanwendung, in: Juristische Schulung, 2017, 955-960, zitiert: Buchholtz, JuS 2017, 955.

Bräutigam, Peter/ Rücker, Daniel: E-Commerce: Rechtshandbuch, München 2016, zitiert: Bräutigam/Rücker.

Cornelius, Kai: Vertragsschluss durch autonome elektronische Agenten, in: Zeitschrift für IT-Recht und Recht der Digitalisierung, 2002, 353-358, zitiert: Cornelius, MMR 2002, 353.

Dauner-Lieb, Barbara/ Langen, Werner: BGB Schuldrecht, Band 2, 3. Auflage, Baden-Baden 2016, zitiert: Dauner-Lieb/Langen-*Bearbeiter*.

Dettling, Heinz-Uwe/ Krüger, Stefan: Erste Schritte im Recht der Künstlichen Intelligenz, in: Zeitschrift für IT-Recht und Recht der Digitalisierung, 2019, 211-217, zitiert: Dettling/Krüger, MMR 2019, 211.

Dreier, Thomas/ Schulze, Gernot: Urheberrechtsgesetz, 6. Auflage, München 2018, zitiert: Dreier/Schulze-*Bearbeiter*.

Faust, Florian/ Schäfer, Hans-Bernd: Zivilrechtliche und rechtsökonomische Probleme des Internet und der künstlichen Intelligenz, Tübingen 2019, zitiert: Faust/Schäfer-*Bearbeiter*, Probleme des Internet und der künstlichen Intelligenz.

Fischer, Veronika/ Hoppen, Peter/ Wimmers, Jörg: Das Jahrbuch 2018 der Deutschen Gesellschaft für Recht und Informatik, Informationstechnik und Recht, Köln 2019, zitiert: Fischer/Hoppen/Wimmers-*Bearbeiter*.

Gaede, Karsten: Künstliche Intelligenz – Rechte und Strafen für Roboter?, Baden-Baden 2019, zitiert: Gaede, Rechte für Roboter.

Gleß, Sabine/ Seelmann, Kurt: Intelligente Agenten und das Recht, Baden-Baden 2016, zitiert: Gleß/Seelmann-*Bearbeiter*, Intelligente Agenten.

Grapentin, Justin: Die Erosion der Vertragsgestaltungsmacht durch das Internet und den Einsatz Künstlicher Intelligenz, in: Neue Juristische Woche, 2019, 181-185, zitiert: Grapentin, NJW 2019, 181.

Grapentin, Justin: Vertragsschluss und vertragliches Verschulden beim Einsatz von Künstlicher Intelligenz und Softwareagenten, Baden-Baden 2018, zitiert: Grapentin, Vertragsschluss beim Einsatz künstlicher Intelligenz.

Grützmacher, Malte: Die deliktische Haftung für autonome Systeme - Industrie 4.0 als Herausforderung für das bestehende Recht?, in: Computer und Recht, 2016, 695-698, zitiert: Grützmacher, CR 2016, 695.

Heckelmann, Martin: Zulässigkeit und Handhabung von Smart Contracts, in: NJW, Neue Juristische Woche 2018, 504-510, zitiert: Heckelmann, NJW 2018, 504.

Hengstenberg, Claus/ Kirn, Stefan: Rechtliche Risiken autonomer und vernetzter Systeme, Berlin 2016, zitiert: Müller-Hengstenberg/Kirn, Risiken autonomer Systeme.

Hoeren, Thomas/ Sieber, Ulrich/ Holznagel, Bernd: Handbuch Multimedia-Recht, Rechtsfragen des elektronischen Geschäftsverkehrs, 50. EL, München Juli 2019, zitiert: Hoeren/Sieber/Holznagel-*Bearbeiter*.

Hoffmann-Riem, Wolfgang: Verhaltenssteuerung durch Algorithmen - eine Herausforderung für das Recht, in: Archiv des öffentlichen Rechts, Jahrgang 142 (2017) Band 1, S. 1-42, zitiert: Hoffmann-Riem, AöR 142 (2017), 1.

Hetmank, Sven, Lauber-Rönsberg, Anne: Künstliche Intelligenz - Herausforderungen für das Immaterialgüterrecht, in: Zeitschrift für gewerblichen Rechtsschutz und Urheberrecht, 2018, 574-582, zitiert: Hetmank/Lauber-Rönsberg, GRUR 2018, 574.

Hufen, Friedhelm: Die Menschenwürde, Art. 1 I GG, in: Juristische Schulung, 2010, 1-10, zitiert: Hufen, JuS 2010, 1.

Jauernig, Othmar: Bürgerliches Gesetzbuch, 17. Auflage, München 2018, zitiert: Jauernig-*Bearbeiter*.

Keßler, Oliver: Voraussetzungen und Rechtsfolgen des Handelns informationstechnischer Systeme, in: Zeitschrift für IT-Recht und Recht der Digitalisierung, 2017, 589-594, zitiert: Keßler, MMR 2017, 589.

Kersten, Jens: Menschen und Maschinen, in: Juristen Zeitung, 2015, 1-8, zitiert: Kersten, JZ 2015, 1.

Lauber-Rönsberg, Anne: Autonome „Schöpfung"- Urheberschaft und Schutzfähigkeit, in: Zeitschrift für gewerblichen Rechtsschutz und Urheberrecht, 2019, 244-253, zitiert: Lauber-Rönsberg, GRUR 2019, 244.

Leupold, Andreas/ Glossner, Silke: Münchener Anwaltshandbuch IT-Recht, 3. Auflage, München 2017, zitiert: Leupold/ Glossner-*Bearbeiter*.

Loewenheim, Ulrich: Handbuch des Urheberrechts, 2. Auflage, München 2010, zitiert: Loewenheim-*Bearbeiter*.

Legner, Sarah: Erzeugnisse Künstlicher Intelligenz im Urheberrecht, in: Zeitschrift für Urheber- und Medienrecht, 2019, 807- 812, zitiert: Legner, ZUM 2019, 807.

Maunz, Theodor/ Dürig, Günter: Grundgesetz-Kommentar, 89. EL, München 2019, zitiert: Maunz/Dürig-*Bearbeiter*.

Mayinger, Samantha Maria: Die künstliche Person, Frankfurt 2017, zitiert: Mayinger, Die künstliche Person.

Münchener Kommentar zum Bürgerlichen Gesetzbuch
Band 1, Allgemeiner Teil, §§ 1-240, AllgPerslR, ProstG, AGG, 8. Auflage, München 2018,
Band 6, Schuldrecht - Besonderer Teil IV, §§ 705-853, PartGG, ProdHaftGG, 7. Auflage, München 2017,
zitiert: MüKoBGB-*Bearbeiter*.

Kirn, Stefan/ Müller-Hengstenberg, Claus: Intelligente (Software-)Agenten: von der Automatisierung zur Autonomie? Verselbstständigung technischer Systeme, in: Zeitschrift für IT-Recht und das Recht der Digitalisierung, 2014, 225-230, zitiert: Kirn/Müller-Hengstenberg, MMR 2014, 225.

Palandt, Otto: Bürgerliches Gesetzbuch, 79. Auflage, München 2020, zitiert: Palandt-*Bearbeiter*.

Peifer, Karl-Nikolaus: Roboter als Schöpfer – Wird das Urheberrecht im Zeitalter der künstlichen Intelligenz noch gebraucht?, in: von Lewinski/Wittmann: Urheberrecht! Festschrift für Michael Walter zum 80. Geburtstag, Wien 2018, 222-232, zitiert: FS Walter-*Peifer*, 222.

Pfeil, Werner: „Leinen los und Fahrt voraus!" - Evolutionäre Algorithmen, Künstliche Intelligenz und Legal Tech ändern das Recht, die Rechtsordnung und den Zugang zum Recht, in: Zeitschrift zum Innovations-und Technikrecht, 2020, 17-25, zitiert: Pfeil, InTer 2020, 17.

Pieper, Fritz-Elli: Künstliche Intelligenz: Im Spannungsfeld von Recht und Technik, in: Zeitschrift zum Innovations-und Technikrecht, 2016, 9-15, zitiert: Pieper, InTer 2018, 9.

Raue, Benjamin/ von Ungern-Sternberg, Antje: Ethische und rechtliche Grundsätze der Datenverwertung, in: Zeitschrift für Rechtspolitik, 2020, 49-52, zitiert: Raue/ von Ungern-Sternberg, ZRP 2020, 49.

Reichwald, Julia/ Pfisterer, Dennis: Autonomie und Intelligenz im Internet der Dinge, in: Computer und Recht, 2016, 208-212, zitiert: Reichwald/Pfisterer, CR 2016, 208.

Rhiem, Thomas: Rechtliche Herausforderungen autonomer Systeme, in: Der IT- und Rechtsberater, 2014, 113-115, zitiert: Rhiem, ITRB 2014, 113.

Seehafer, Astrid/ Kohler, Joel: Künstliche Intelligenz: Updates für das Produkthaftungsrecht? In: Europäische Zeitschrift für Wirtschaftsrecht, 2020, 213-218, zitiert: Seehafer/ Kohler, EuZW 2020, 213.

Sosnitza, Olaf: Das Internet der Dinge, in: Computer und Recht, 2016, 764-772, zitiert: Sosnitza, CR 2016, 764.

Schaub, Renate: Verantwortlichkeit für Algorithmen im Internet, in: Zeitschrift für Innovations-und Technikrecht, 2019, 2-7, zitiert: Schaub, InTer 2019, 2.

Schirmer, Jan-Erik: Rechtsfähige Roboter?, in: Juristen Zeitung, 2016, 660-666, zitiert: Schirmer, JZ 2016, 660.

Schricker, Gerhard/ Loewenheim, Ulrich: Urheberrecht, 6. Auflage, München 2020, zitiert: Schricker/Loewenheim-*Bearbeiter*.

Söbbing, Thomas: Fundamentale Rechtsfragen zur künstlichen Intelligenz (Al Law), Frankfurt 2019, zitiert: Söbbing, Rechtsfragen zur künstlichen Intelligenz.

Sorge, Christoph: Softwareagenten, Karlsruhe 2006, zitiert: Sorge, Softwareagenten.

Stiemerling, Oliver: Künstliche Intelligenz - Automatisierung geistiger Arbeit, Big Data und das Internet der Dinge, in: Computer und Recht, 2015, 762-765, zitiert: Stiemerling, CR 2015, 762.

Specht, Louisa/ Herold, Sophie: Roboter als Vertragspartner? Gedanken zu Vertragsabschlüssen unter Einbeziehung automatisiert und autonom agierender Systeme, in: Zeitschrift für IT-Recht und das Recht der Digitalisierung, 2018, 40-44, zitiert: Specht/Herold, MMR 2018, 40.

Spiecker gen. Döhmann, Indra/ Bretthauer, Sebastian: Dokumentation zum Datenschutz, 75. Auflage, Baden-Baden 2019, zitiert: Spiecker gen. Döhmann/Bretthauer.

Spindler, Gerald: Roboter, Automation, künstliche Intelligenz, selbst-steuernde Kfz - Braucht das Recht neue Haftungskategorien?, in: Computer und Recht, 2015, 766-776, zitiert: Spindler, CR 2015, 766.

Spindler, Gerald/ Schuster, Fabian: Recht der elektronischen Medien, Kommentar, 4. Auflage, München 2019, zitiert: Spindler/Schuster-*Bearbeiter*.

Steege, Hans: Algorithmenbasierte Diskriminierung durch Einsatz von Künstlicher Intelligenz, in: Zeitschrift für IT-Recht und Recht der Digitalisierung, 2019, 715-721, zitiert: Steege, MMR 2019, 715.

Wandtke, Artur-Axel/ Bullinger, Winfried: Praxiskommentar Urheberrecht, München 2018, zitiert: Wandtke/ Bullinger-*Bearbeiter*.

Wiebe, Andreas: Die elektronische Willenserklärung, Tübingen 2002, zitiert: Wiebe, Die elektronische Willenserklärung.

Zech, Herbert: Künstliche Intelligenz und Haftungsfragen, in: Zeitschrift für die gesamte Privatrechtswissenschaft, 2019, 198-217, zitiert: Zech, ZfPW 2019, 198.

A. Einleitung

„Ein Roboter muss den Befehlen gehorchen, die ihm von Menschen erteilt werden." - so lautet das 1942 von dem Science-Fiction-Autor Isaac Asimov in seiner Kurzgeschichte „Runaround" entwickelte Gesetz der Robotik, in der er sich mit dem Zusammenleben von Mensch und Maschine auseinandersetzte.[1]

Seit jeher ist der Mensch von der Vorstellung selbstständig agierender Maschinen fasziniert.

In unserer digitalisierten Welt sind Computersysteme bereits dazu fähig, Entscheidungen, die ursprünglich den Menschen belasteten, autonom zu treffen. Dies kann auf der einen Seite als ein positiver, arbeitserleichternder Aspekt gewertet werden. Auf der anderen Seite besteht die Gefahr, dass Menschen nicht mehr in der Lage sind, ihren freien Willen zu äußern.[2]

Künstliche Intelligenz entwickelt sich stets weiter. Die geistige Leistung von Menschen wird bereits nachgeahmt und droht gar ersetzt zu werden.[3]

In Bereichen, in denen virtuelle Assistenten Fragen und Antworten interpretieren, um Warenbestellungen auszulösen, mag dies zweitrangig sein.[4] Treffen Algorithmen jedoch Entscheidungen, die ein Rückfallrisiko eines Straftäters einschätzen oder werden Verträge selbstständig durch den Assistenten geschlossen und deren Einhaltung überwacht (sogenannte „Smart Contracts"[5]), entstehen durch diese maschinellen Handlungen schon potentiell weitreichendere Folgen.

Die Annahme, ein Computerprogramm sei ähnlich einem Werkzeug menschlich genauestens kontrollierbar, entspricht vor dem Hintergrund der immer lernfähigeren Algorithmen immer weniger der Wahrheit.[6]

Anhand der Arbeitshypothese „Menschenverstand als Voraussetzung für rechtlich relevante Handlungen - Computer mangels Rechtssubjektivität auch weiterhin nur unselbstständiges Hilfsmittel und Werkzeug des Menschen zur Effizienzsteigerung" soll in der nachfolgenden Bearbeitung untersucht werden, inwieweit das bestehende deutsche Zivilrecht auf das maschinelle

---

[1] https://www.planet-wissen.de/technik/computer_und_roboter/roboter_mechanische_helfer/pwieisaacasimov100.html (zuletzt aufgerufen am 1.4.2020).
[2] Hoffmann-Rhiem, AöR 142 (2017), 1 (6).
[3] Stiemerling, CR 2015, 762.
[4] Brunotte, CR 2017, 583.
[5] Heckelmann, NJW 2018, 504.
[6] Rhiem, ITRB 2014, 113.

Handeln und algorithmische Entscheiden gemünzt und den neuen digitalen Herausforderungen künstlicher Intelligenz gewachsen ist. Im Zuge dessen werden auch Anpassungsvorschläge aus der Literatur de lege ferenda vorgestellt.

Dabei wird nach einer technischen Einführung beleuchtet, ob algorithmische Systeme einen eigenen Willen bilden können und ob und auf welcher Grundlage die von diesem System abgegebenen Erklärungen dem Menschen zugerechnet werden können.

Aus Kapazitätsgründen wird dabei lediglich die deliktische Haftung für durch Computersysteme zugefügte Schäden erörtert.

Erst im Anschluss an die gefundenen Ergebnisse und nach Darstellung des Stands von Rechtsprechung und Forschung kann beantwortet werden, ob die Rechtsfähigkeit eines Computers in Betracht kommt.

In Bezug auf immaterialgüterrechtliche Aspekte ist die Frage aufzuwerfen, ob das algorithmengeschaffene Ergebnis urheberrechtlichen Schutz genießt.

Probleme, die im Zusammenhang mit der algorithmischen Verarbeitung großer Datenbestände auftreten, werden am Ende angeschnitten.

Eine allgemeinverständliche Definition algorithmischen Entscheidens für Internetnutzer wird im Anschluss an die gefundenen Ergebnisse herausgearbeitet.

Zusammengefasst soll durch diese Arbeit herausgefunden werden, ob es an der Zeit ist, Computern einen neuen Stellenwert im Privatrecht einzuräumen.

B. Hauptteil

I. Technische Grundlagen

Für den Themeneinstieg ist es zunächst unerlässlich, die nähere Funktionsweise und den Einsatzzweck von Algorithmen besser zu verstehen.

1. Funktionsweise aller Algorithmen

Das allgemeine Ziel des Einsatzes von Algorithmen in Computern ist die Lösung von Problemen in einer Vielzahl von endlichen Einzelschritten durch Handlungsanweisungen.[7] Algorithmen sind somit Abfolgen von genauestens definierten Handlungsschritten.[8]

---

[7] Hoffmann-Rhiem, AöR 142 (2017), 1 (3).
[8] Reichwald/Pfisterer, CR 2016, 208 (209).

Typisch für die Benutzung von Algorithmen in Computern ist statt einer natürlichen eine maschinell verarbeitete Sprache. Diese technische, dem Computer eigene Sprache wird durch den sogenannten Binär- bzw. Maschinencode abgebildet: Informationen werden durch die Abfolgen der Symbole 1 und 0 dargestellt. Erst durch diesen Binärcode können dem Computer Handlungsanweisungen erteilt werden.[9] Bei herkömmlichen Algorithmen in diesem Zusammenhang von einem Determinismus die Rede: wenn die Eingabe „A" lautet, dann folgt daraus „B".[10] Vereinfacht gesagt ist jeder Algorithmus eine mathematische Formel, die in einem Computerprogramm berücksichtigt wird[11] und ein Berechnungsproblem löst, ohne ein Problembewusstsein zu haben.[12] Zwischen der algorithmischen und der menschlichen, rationalen Art, Probleme zu lösen, bestehen dabei viele Parallelen. Ein Computer ist nicht in der Lage ein Problem zu lösen, welches ein Mensch nicht in hinreichender Zeit lösen kann.[13] Unter „Algorithmus" versteht man also einen allgemeinen, jegliche technischen Handlungsanweisungen umschreibenden Begriff.

2. Erscheinungsformen unterschiedlicher Algorithmen

In der Rechtswissenschaft werden verschiedene Arten von Algorithmen anhand ihres Grades von Eigenständigkeit bzw. Autonomie unterteilt.[14] Erst diese Unterteilung schafft einen Boden für eine exakte rechtliche Auseinandersetzung. Vor diesem Hintergrund lassen sich algorithmische Softwaresysteme nach „automatisierten" und „autonomen" Systemen abgrenzen.[15]

a) Automatisierte Systeme

Automatisierte Systeme setzen eine Anweisung um, die zu einem früheren Zeitpunkt durch einen Menschen generiert wurde. Dieses System handelt genauso, wie ihm vorgegeben wurde.[16] Diese Algorithmen arbeiten nach

---

[9] Leupold/Glossner-*von dem Bussche/Schelinski,* Teil 1 Rn 7.
[10] Hofmann-Rhiem, AöR 142 (2017), 1 (28).
[11] Pfeil, InTer 2020, 17 (19); Spindler/Schuster-*Wiebe,* § 69a Rn 24.
[12] Pieper, InTer 2018, 9 (13).
[13] Reichwald/Pfisterer, CR 2016, 208 (209).
[14] Schaub, InTer 2019, 2.
[15] Specht/Herold, MMR 2018, 40 (41); Reichwald/Pfister, CR 2016, 208 (210f.).
[16] Specht/Herold, MMR 2018, 40; Gless/Seelmann-*Zech,* Intelligente Agenten und das Recht, S. 163 ff.

einem „Wenn-Dann-Schema" und treffen ihre Entscheidungen im Rahmen des Vorgegebenen. Nur was vom Programmierer vorgegeben wurde, kann anschließend von dem Programm auch verarbeitet werden.[17]

Die „Automaten" besitzen definierte Verhaltenseigenschaften und führen Handlungen aus, die sich regelmäßig wiederholen.[18] Es werden zwar Aufgaben zur Lösung an das System delegiert. Der Mensch behält jedoch bis zuletzt den Zugriff und die volle Kontrolle über das System.

b) Autonome Systeme

Von einem autonomen System ist dagegen die Rede, wenn das System eine Entscheidung ohne vorausgegangene konkrete Handlung des Anweisenden trifft. Obwohl es auch hier gewisser Voreinstellungen bedarf, handelt es sich um einen selbstlernenden Algorithmus. In diesem Zusammenhang spricht man oft von dem maschinellen Lernen, auch „Deep Learning" genannt.[19] In Bezug auf autonome Systeme findet sich in der Literatur auch die Terminologie des „Softwareagenten".[20]

Dem System wird gerade nicht mittels eines Algorithmus eine konkrete Anweisung erteilt, vielmehr wird eine große Datenmenge zur Verfügung gestellt, aus der die Maschine „lernt" und auf diese Weise Wissen aus Erfahrung generiert.[21]

Mit minimalen Voreinstellungen sind die Systeme in der Lage, zu Ergebnissen zu gelangen, bei denen später nicht mehr nachvollzogen werden kann, welche Daten genau den algorithmischen Entscheidungen zugrunde lagen.[22]

Im Gegensatz zu dem oben erwähnten klassischen „Wenn-Dann-Schema" wird die Rechenanleitung nicht vollständig durch den Programmierer vorgegeben[23]- vielmehr besitzen autonome Systeme die Fähigkeit, sich eigenständig und kurzfristig auch ohne manuelle Voreinstellung durch den menschlichen Programmierer auf die sich stets verändernde Umwelt einzustellen.[24]

---

[17] Steege, MMR 2019, 715 (716).
[18] Kirn/Müller-Hengstenberg, MMR 2014, 225 (226).
[19] Specht/Herold, MMR 2018, 40.
[20] Mayinger, Die künstliche Person, S. 14; Sorge, Softwareagenten, S. 34.
[21] Gless/Seelmann-Zech, Intelligente Agenten und das Recht, S. 163 (166).
[22] Pfeil, InTer 2020, 17 (19).
[23] Pieper, GRUR-Prax 2019, 298.
[24] Grapentin, NJW 2019, 181 (183).

c) Zwischenergebnis

Die Abgrenzung zeigt auf, dass nicht jeder Algorithmus die gleichen Fähigkeiten bezüglich seiner Lernfähigkeit und Selbstständigkeit besitzt. Algorithmen stellen vielmehr die kleinste Einheit jeglicher Automatisierungsstufen dar.[25] Autonome, lernfähige Systeme sind aufgrund ihrer Unvorhersehbarkeit und nur bedingten Kontrollierbarkeit durch den Menschen besonders interessant, da diese sich im weitesten Sinne „verselbstständigen" können und bedürfen damit einer intensiveren Beleuchtung.

Für die Fragen der Haftung und der Rechts- bzw. Geschäftsfähigkeit algorithmischer Systeme ist gerade die Fallkonstellation interessant, in der die am Ende gewonnenen Ergebnisse nicht oder nur bedingt transparent und durchschaubar sind. Gerade die zunehmende Autonomie und Verselbstständigung algorithmischer Systeme birgt potentielle rechtliche Probleme. Mit dem Autonomisierungsgrad und der Loslösung vom Menschen steigt somit auch die Relevanz der dieser Arbeit zugrundeliegender Fragestellung, sodass autonome Systeme in den Fokus dieser Bearbeitung zu rücken sind.

3. Begriffsabgrenzung

a) „Künstliche Intelligenz"

Der Begriff der künstlichen Intelligenz ist aufgrund seiner stets uneinheitlichen Verwendung unscharf und ungenau.[26] Bei „Künstlicher Intelligenz" handelt es sich um ein Teilgebiet der Informatik, in dem Forscher versuchen, anspruchsvolle geistige Leistung von Menschen maschinell nachzuahmen.[27] Im Wesentlichen wird der Begriff mit dem oben erläuterten verselbstständigten maschinellen Lernen gleichgesetzt und umfasst alle nichtmenschlichen Prozesse, die auf menschenähnlichem, menschengleichem oder sogar menschenübertreffenden Niveau sind.[28]

---

[25] Algorithmwatch, 3. Arbeitspapier: Unsere Antworten zur Anhörung zu Künstlicher Intelligenz des Ausschusses Digitale Agenda, abrufbar unter: https://algorithmwatch.org/publication/anhoerung-zu-kuenstlicher-intelligenz-des-ausschusses-digitale-agenda-unsere-antworten/ (zuletzt aufgerufen am 1.4.2020).

[26] Specht/Herold, MMR 2018, 40 (41); Zech, ZfPW 2019, 198.

[27] Stiemerling, CR 2015, 762.

[28] BT-Drs. 19/3255; Mitteilung der Kommission an das Europäische Parlament, den Europäischen Rat, den Rat, den Europäischen Wirtschafts- und Sozialausschuss und den

b) „Robotik"

Der Begriff der „Robotik" umschreibt eine physische Maschine, die die digitalen Entscheidungen des Softwareprogramms in die wirkliche Welt überträgt. Das Softwaresystem erlangt durch den Einsatz von Robotik erst seine physische Präsenz.[29]

c) Zwischenergebnis

Die Begriffe der Algorithmen und der „künstlichen Intelligenz" werden vielfach als Synonyme füreinander verwendet. Letzterer hat jedoch aufgrund seines uneinheitlichen Gebrauchs wenig Ausdrucksstärke, da allen auch „einfacher gestrickten" algorithmischen Systemen ein Grad von „künstlicher Intelligenz" anhaftet. Aus Klarstellungsgründen und zur Unterscheidung bestimmter Autonomiegrade von Softwaresystemen wird in der nachfolgenden Auseinandersetzung von „autonomen" Systemen, bzw. „Softwareagenten"[30] die Rede sein. Die Autonomie, die den Kern eines Systems bildet, welches künstliche Intelligenz besitzt,[31] beschreibt dabei den Grad der Eigenständigkeit der maschinellen Entscheidung.[32] Der mehr als Schlagwort fungierende Begriff der „Künstlichen Intelligenz" ist aufgrund seiner Ungenauigkeit nicht zu verwenden. Darüber hinaus soll es in dieser Arbeit weniger um die äußere Erscheinungsform gehen, durch die eine autonome Software Kontakt mit der Außenwelt herstellen kann. Somit wird auch die Terminologie der „Robotik" im Folgenden nicht verwendet.

II.   Rechtliche Bewertung

Im Folgenden soll Schritt für Schritt herausgearbeitet werden, wie die Funktionsweise von Algorithmen, genauer von autonomen Softwaresystemen, juristisch zu bewerten ist.

1. Rechtsgeschäftliche Einordnung

Eine allgemeine Handlungsfähigkeit von Softwareagenten wird in der einschlägigen Literatur vermehrt im Zusammenhang mit dem strafrechtlichen

---

Ausschuss der Regionen vom 25.4.2018: „Künstliche Intelligenz für Europa", COM (2018) 237 final, S. 1.

[29] Grapentin, Vertragsschluss beim Einsatz künstlicher Intelligenz, S. 37 f.

[30] Hengstenberg/Kirn, MMR 2014, 307 (308).

[31] Dettling/Krüger, MMR 2019, 211 (212).

[32] Reichwald/Pfisterer, CR 2016, 208 (210).

Handlungsbegriff diskutiert.[33] Somit soll nachfolgend die zivilrechtliche Handlungsfähigkeit autonomer Systeme nicht allgemein, sondern gezielt anhand der Fähigkeit zur Abschließung von Rechtsgeschäften erörtert werden.

a) Eigene Willenserklärung des autonomen Systems

Die Willenserklärung ist notwendiger Teil eines Rechtsgeschäftes und setzt sich aus einem subjektiven und einem objektiven Tatbestand zusammen.

aa) Fähigkeit zur Willensbildung

Zunächst ist zu untersuchen, ob autonome Systeme einen Willen bilden können, der sich mit einem menschlichen Willen vergleichen lässt.

Zum objektiven Tatbestand einer Willenserklärung gehören alle Äußerungen, die den Rechtsfolgewillen nach außen erkennen lassen.[34]

Der objektive Tatbestand einer Willenserklärung ist bei der Abgabe einer maschinellen Erklärung mangels besonderer Anforderung an die genauen Formalitäten gegeben, da Willenserklärungen auch auf elektronischem Weg übermittelt werden können,[35] sodass die elektronische Übermittlungsform kein Problem darstellt.

Der subjektive Tatbestand wird unterteilt in den Handlungswillen, das Erklärungsbewusstsein und den Geschäftswillen.[36]

Aus dem Umkehrschluss des § 104 Nr. 2 BGB ergibt sich ferner, dass die Fähigkeit, einen freien Willen zu bilden, eine Voraussetzung des inneren Tatbestandes einer Willenserklärung ist.[37]

Zunächst ließe sich autonomen Systemen die Fähigkeit zur Willensbildung aufgrund des Fehlens von Bewusstsein und Moral absprechen.[38]

Dagegen wird eingewendet, dass, eine rechtliche Anerkennung der Autonomie der Agenten und deren Akzeptanz in der Gesellschaft vorausgesetzt, aufgrund der Lernfähigkeit durchaus die Möglichkeit besteht, dass sich autonome Computersysteme moralisches Verhalten durch

---

[33] Gless/Seelmann-*Seher*, Intelligente Agenten, S. 47 f.
[34] Palandt-*Ellenberger*, Einf. v. § 116, Rn. 1.
[35] Mayinger, Die künstliche Person, S. 65.
[36] Palandt-*Ellenberger*, Einf. v. § 116, Rn 1.
[37] Mayinger, Die künstliche Person, S. 65.
[38] Schirmer, JZ 2016, 660 (661).

Interaktionen aneignen.[39] Dabei solle es nur darauf ankommen, dass der Agent die ihm zur Verfügung stehenden Daten autonom auswertet. So sei es autonomen Systemen eigen, dass deren Entscheidungen menschlich nicht mehr nachvollziehbar oder kontrollierbar sind. Aufgrund der mangelnden Transparenz dieser Entscheidungsfindung müsse dem autonomen Agenten gerade ein eigener Wille zugestanden werden. So müsse das autonome Computersystem mit einem lernenden Kind verglichen werden. Letzterem wird die Fähigkeit, einen eigenen Willen zu bilden aber zuerkannt.[40]

Der Bundesgerichtshof betont jedoch, dass stets nicht der Computer, sondern eine Person, die sich des Computers als Telekommunikationsmittel bedient, hinter der Erklärung stehe. Das Gericht stellte bei der Auslegung von automatisierten Willenserklärungen darauf ab, wie der Empfänger die maschinelle Erklärung mit Rücksicht auf Treu und Glauben und die Verkehrssitte deuten durfte - dabei urteilte das Gericht, es verbiete sich die Annahme, eine Willenserklärung aus Sicht des Computersystems anzunehmen, da bei lebensnaher Betrachtung immer ein Mensch hinter Willenserklärungen stehe.[41] Das Wesen der Willenserklärung bestehe in der Zuordnungsmöglichkeit zu einer natürlichen Person. Der Mensch und sein Wille sind gerade Anknüpfungspunkt für die rechtliche Willenserklärung.[42] Autonome Systeme ahmen menschliche Absichten oder Gedanken bloß nach. Es handelt sich im Ergebnis lediglich um mathematische Formeln und nicht um echte Intelligenz, die in der Lage ist, komplett selbstständig neues Wissen zu generieren.[43]

bb) Zwischenergebnis

Mittels einer Willenserklärung verfolgt der Erklärende ein bestimmtes Ziel. Ob er eine Sache kaufen will, eine Wohnung vermieten will oder etwas in Auftrag gibt. Eine Willenserklärung ist eine private Äußerung, gerichtet auf die Herbeiführung einer Rechtsfolge.[44] Die Abgabe einer Willenserklärung ist stets begleitet von einer inneren Motivation, die den Erklärenden erst zu der Abgabe einer Willenserklärung veranlasst. Eine solche Motivation kann

---

[39] Mayinger, die künstliche Person, S. 66.
[40] Mayinger, die künstliche Person, S. 68.
[41] BGH NJW 2013, 598.
[42] Cornelius, MMR 2002, 353 (355); Bräutigam/Klindt, NJW 2015, 1137 (1138).
[43] Pieper, GRUR-Prax 2019, 298 (299).
[44] Jauernig-*Mansel*, Vorbem. § 116, Rn 2.

aber ein technisches System, sei es noch so fortschrittlich, autonom und lernfähig, nicht besitzen. Für ein autonomes System ist nicht entscheidend, was es zur Abgabe einer Willenserklärung bewegt oder warum es gerade diesen rechtsgeschäftlichen Erfolg herbeiführen will - vielmehr erklärt das System stets für den Menschen, um einen rechtsgeschäftlichen Erfolg für diesen auszulösen. Zwar mag das Ergebnis aufgrund des eigenständigen Lernprozesses des autonomen Softwaresystems in seiner konkreten Form für den Nutzer nicht gewollt sein. Dies ändert jedoch nichts an der Tatsache des de facto nicht vorhandenen Erklärungsbewusstseins eines Softwaresystems. Aus der Natur der Sache heraus ist somit eine Fähigkeit zur eigenständigen Willensbildung autonomer Systeme abzulehnen.

b) Zurechnung

aa) Computererklärung

Dass Menschen in der Lage sind, sich zur Abgabe einer Willenserklärung automatisierter Systeme zu bedienen, ist allgemein bekannt. Elektronisch übermittelte Willenserklärungen, sogenannte „Computererklärungen"[45] gebieten keine besondere Behandlung innerhalb der Rechtsgeschäftslehre, ist doch lediglich die Art des Transports elektronisch. Die Art der Übermittlung hat keinen Einfluss auf die menschliche Willensbildung.[46] Aber auch bei sogenannten automatisierten Willenserklärungen, die eine Erklärung auf Grundlage einer vollautomatisierten Vorprogrammierung abgeben und bei denen Erklärung und Erklärungshandlung nur zeitlich auseinanderfallen, liegt eine Willenserklärung vor.[47] Eine genau vorgenommene menschliche Vorprogrammierung und eine Vorhersehbarkeit des Ergebnisses sind bei automatisierten Willenserklärungen zu bejahen, lediglich der Erklärungsprozess wird zeitlich gestreckt.[48]

Interessant ist hingegen die Frage, ob eine Zurechnung von Erklärungen bejaht werden kann, bei denen kein bewusster dahinterstehender menschlicher Gedanke auszumachen ist und die genauen Gründe, warum das autonome System eine bestimmte Entscheidung trifft, sich nicht mehr

---

[45] Fischer/Hoppen/Wimmers-*Rhiem/Meier*, Künstliche Intelligenz im Zivilrecht, Rn 12.
[46] MüKoBGB-*Säcker*, Einl. BGB, Rn 188.
[47] Hoeren/Sieber/Holznagel-*Kitz*, Teil 13.1, Rn 41; MüKoBGB-*Säcker*, Einl. BGB, Rn. 188; Paladt-*Ellenberger,* vor § 116 Rn 30.
[48] Specht/Herold, MMR 2018, 40 (43).

nachvollziehen lassen. Anders als bei „Computererklärungen" wählt das lernfähige System nicht aus vorher gefertigten Erklärungen aus, sondern bildet eigenständig einen Pool, aus welchem es dann nach eigenem Ermessen auswählt.[49] Je unvorhersehbarer das Verhalten eines Systems ist, desto schwieriger ist eine Zurechnung der Erklärung zu dem Nutzer des jeweiligen autonomen Systems. Wegen der Selbstständigkeit des Systems lässt sich nur schwer annehmen, die Erklärung beruhe auf einem konkreten Willen des Betreibers.[50]

An dieser Stelle sollen deshalb rechtliche Konstrukte vorgestellt werden, die eine Zurechnung von ebensolchen Willenserklärungen zu begründen versuchen.

bb) Stellvertreterlösung

In der Literatur wird vermehrt diskutiert, den autonomen Softwareagenten als Stellvertreter i.S.d. §§ 164 ff. BGB einzusetzen,[51] notfalls mittels einer Analogie zu den Stellvertretungsvorschriften.[52]

Die Voraussetzung einer wirksamen Stellvertretung ist gemäß § 164 Abs. 1 BGB die Abgabe einer eigenen Willenserklärung im Namen des Vertretenen innerhalb der ihm zustehenden Vertretungsmacht.

Eine allgemeine Hemmschwelle zur Bejahung der Stellvertreterlösung scheint jedoch § 179 BGB zu bereiten. Hiernach haftet der Vertreter ohne Vertretungsmacht der anderen Partei nach seiner Wahl auf Erfüllung oder Schadensersatz als „Falsus Procurator". Dies könnte mangels gesetzlicher Rechtssubjektivität und fehlender Vermögensfähigkeit autonomer Systeme einen rechtssystematischen Ausschluss für die (analoge) Anwendung der §§ 164 ff. BGB darstellen.[53]

Ein Lösungsansatz könnte zum einen die Versicherung des Nutzers sein. Ähnlich einer Haftpflichtversicherung würde der Betreiber eines autonomen Systems auch für den Regressfall des § 179 BGB haften.[54]

---

[49] Grapentin, Vertragsschluss beim Einsatz künstlicher Intelligenz, S. 91.
[50] Fischer/Hoppen/Wimmers-*Rhiem/Meier*, Künstliche Intelligenz im Zivilrecht, Rn 13.
[51] Specht/Herold, MMR 2018, 40 (43); Schirmer, JZ 2016, 660 (664); Keßler, MMR 2017, 589 (592); Kersten, JZ 2015, 1 (7).
[52]Wiebe, die elektronische Willenserklärung, S. 130 f.
[53] Bräutigam/Klindt, NJW 2015, 1137 (1138); Cornelius, MMR 2002, 353 (355).
[54] Bräutigam/Klindt, NJW 2015, 1137 (1138).

Ebenfalls wird vor dem Hintergrund sogar die Zuweisung einer eigenen Haftsumme an das autonome System diskutiert.[55]

Jedoch kann das System gerade keine eigene Willenserklärung im Sinne der §§ 164 ff. BGB abgeben, was jedoch eine der zwingenden Voraussetzungen für das Greifen der Zurechnung darstellt.[56] Durch die Abgabe einer eigenen Willenserklärung wird indes die Selbstbestimmung des Vertreters zum Ausdruck gebracht. Dies wird durch § 166 Abs. 1 BGB unterstrichen, wonach es für Willensmängel auf die Person des Vertreters ankommt. Der Agent kann aber trotz seiner Lernfähigkeit nicht als eigenverantwortlich handelndes Rechtssubjekt angesehen werden.[57]

Selbst wenn man also die Zurechnung von Erklärungen autonomer Systeme zum Menschen zu konstruieren könnte, mangelt es für die Stellvertretung an der relevanten Voraussetzung der Abgabe einer eigenen Willenserklärung.

Darüber hinaus ist die Rechtsfähigkeit des Vertreters nicht gegeben, die de lege lata jedoch gemäß § 165 BGB vorausgesetzt wird.[58]

Vorgeschlagen wird diesbezüglich, eine Teilrechtsfähigkeit von „E-Personen" zu konstruieren.[59] Ähnlich einer Gesellschaft bürgerlichen Rechts oder einer Wohnungseigentumsgesellschaft sollen Softwareagenten für bestimmte Teile des Lebens rechtsfähig sein.[60]

Solange die Rechtsfähigkeit oder Teilrechtsfähigkeit für autonome Systeme zumindest in gewissen Lebensbereichen nicht gesetzlich anerkannt wird, bleiben die vorgeschlagenen Konstrukte jedoch Vorschläge de lege ferenda.

cc) Botenlösung

In Abgrenzung zur Stellvertretung übermittelt der Bote eine fremde Erklärung und sorgt in tatsächlicher Hinsicht dafür, dass diese wirksam wird.[61]

Jedoch fehlt gerade eine Willenserklärung des menschlichen Systeminhabers. Das autonome System produziert in unabhängiger Weise eine Erklärung, die

---

[55] Nitschke, Softwareagenten, S. 36 ff.
[56] Sester/Nitschke, CR 2004, 548 (549).
[57] Wiebe, Die elektronische Willenserklärung, S. 131.
[58] BeckOGKBGB-*Behme*, § 1 BGB Rn. 38; Keßler, MMR 2017, 589 (592); Cornelius, MMR 2002, 353 (354).
[59] Specht/Herold, MMR 2018, 40 (43).
[60] Schirmer, JZ 2016, 660 (662).
[61] MüKoBGB-*Schubert*, § 164 Rn 71.

in ihrer konkreten Ausgestaltung nicht menschlich vorprogrammiert wurde.[62] Es nimmt somit unabhängig vom Menschen aktiv am Willensbildungsprozess teil.[63]

dd) Blanketterklärung

Weiterhin könnte die durch ein autonomes System abgegebene Erklärung ähnlich wie eine arbeitsteilig hergestellte Blanketterklärung wirken und einen Anknüpfungspunkt für die Zurechnung darstellen.[64]

Nach den allgemeinen Grundsätzen der Blanketterklärung wird dem blanko Unterzeichnenden bei späterer Einfügung eines Textes durch den Blankettnehmer die Willenserklärung als eigene zugerechnet.[65] Ähnlich wie bei der Unterzeichnung einer blanko-Erklärung soll dem Betreiber eines autonomen Systems daher bewusst sein, dass es Erklärungen abgeben könne, bei denen die bestimmte Gestalt der Erklärung nicht im Vorhinein bestimmbar sei.[66] Das autonome System gibt somit keine eigene Willenserklärung ab, sondern füllt die im vorhinein abgegebene Erklärung des Systembetreibers lediglich aus.

Gegen die Vergleichbarkeit könnte sprechen, dass aus Sicht eines objektiven Dritten bei einer Softwareerklärung meist ersichtlich ist, dass diese nicht von einem Menschen stammt, während bei einer menschlichen Blanketterklärung nicht ersichtlich wird, dass diese nicht vollständig vom Blankettgeber stammt.[67]

Es ist aber nicht einleuchtend, warum es darauf ankommen soll. Es ist gerade das typische Risiko einer Blanketterklärung, dass auch unerwünschte Erklärungen dem Blankettgeber zuzurechnen sind. Dieses Risiko kalkuliert der Betreiber eines autonomen Systems ja auch gerade.

Dafür spricht auch der im Privatrecht herrschende Grundsatz der Privatautonomie, der den Parteien einen weiten Raum zur Entfaltung eingesteht.[68] Insofern können Sie auch entscheiden, inwieweit sie ihre Rechtsgüter durch den Einsatz einer autonomen Software gefährden wollen.

---

[62] Specht/Herold, MMR 2018, 40 (43).
[63] Grapentin, Vertragsschluss beim Einsatz künstlicher Intelligenz, S.89.
[64] Bräutigam/Rücker, 14. Teil Rn 33 f.
[65] MüKoBGB-*Einsele*, § 126 Rn 11.
[66] Specht/Herold, MMR 2018, 40 (43).
[67] Sorge, Softwareagenten, S. 26.
[68] Maunz/Dürig- *Di Fabio*, Art 2 Abs. 1, Rn 101.

Es steht den Parteien auch grundsätzlich frei, auch unvorhersehbare Ergebnisse zu riskieren.[69]

ee) Zwischenergebnis

Die Grundsätze der Computererklärung, bei der die maschinell abgegebenen Erklärungen stets auf einen konkreten menschlichen Willen rückführbar sind, kommen dort an ihre Grenzen, wo das autonome System aufgrund seiner Lernfähigkeit eine Entscheidung trifft, die sich faktisch weder auf den Willen des Betreibers, noch auf seine Vorprogrammierung zurückführen lässt. Einer Lösung über das Stellvertretungsrecht steht zum einen die de lege lata nicht anerkannte Rechtsfähigkeit des autonomen Systems entgegen. Die Bildung einer Analogie für die Rechtsfähigkeit neuartiger „Wesen" erscheint jedoch zu weit hergeholt. Gerade die Rechtsfähigkeit, die nach § 1 BGB den Dreh- und Angelpunkt des deutschen Zivilrechts darstellt und fast schon aufgrund ihrer Platzierung und ihres Werte- und Aussagegehalts als „Menschenwürde des Zivilrechts" angesehen werden kann, dürfte nicht analogiefähig sein. Die „Weißes-Ross" Entscheidung des Bundesgerichtshofes[70] zeigt zwar, dass für die erstmalige Anerkennung der (Teil-)Rechtsfähigkeit nicht zwingend der Gesetzgeber tätig werden muss. Jedoch zeigt diese auch, dass dafür die Rechtsprechung tätig werden und die Konturen und Voraussetzungen dafür umso klarer herausarbeiten muss. Zum anderen fehlt es an der ausdrücklichen Voraussetzung der eigenen Willenserklärung, die typisch für das Stellvertretungsrecht ist.

Die Botenlösung ist abzulehnen, da eine bestehende Willenserklärung des Betreibers nicht vorliegt und sich auch nicht konstruieren lässt.

Die Zurechnung der vom System erstellten Erklärung lässt sich überzeugend begründen, wenn man eine Parallele zur Blanketterklärung zieht. Vor allem der Grundsatz der Privatautonomie gebietet es dem Einzelnen, auch riskante, unvorhersehbare zukünftige Entscheidungen autonomer Systeme in seinen Willen aufzunehmen.

Als Zwischenfazit ist somit festzuhalten, dass die durch ein autonomes System abgegebene Erklärung dem Verwender zugerechnet werden kann,

---

[69] Grapentin, Vertragsschluss beim Einsatz von künstlicher Intelligenz, S. 86.
[70] BGH NJW 2001, 1056.

sodass ein Rechtsgeschäft zwischen jenem und dem Empfänger der Erklärung zustande kommt.

2. Deliktische Haftung

In den USA ereignete sich ein erstmals ein Unfall, in den ein autonom fahrendes Taxi des Unternehmens „Uber" verwickelt war und für die betroffene Frau tödlich endete.[71] Obwohl die U.S.-amerikanischen Entwicklungen nicht ohne Weiteres auf Deutschland übertragbar sind, stellt sich die Frage, wer für Unfälle von Softwaresystemen haftet, die weitestgehend eigenständig agieren.

Aufgrund der immer weiterschreitenden Selbstständigkeit autonomer Systeme werden bestehende Zurechnungszusammenhänge in Frage gestellt.[72] Sogar die EU-Kommission erachtet die Klärung von diversen Haftungsfragen im Zusammenhang mit immer neueren, innovativeren und fortschrittlicheren Technologien als wichtig und veröffentlichte am 19.2.2020 einen Bericht, in dem sie die Auswirkungen künstlicher Intelligenz auf den bestehenden Haftungsrahmen untersuchte.[73]

a) Haftung des Betreibers

Mangels bestehender spezieller Regelungen haftet der Betreiber autonomer Systeme de lege lata nach den Regeln der traditionellen Verschuldenshaftung gemäß § 823 Abs. 1 BGB.[74] Hiernach hat jedoch der Verletzte alle ihm günstigen Tatsachen und auch das Verschulden zu beweisen.[75] Dies erscheint unbefriedigend, da der Betreiber ein System einsetzt, welches aufgrund seiner Verselbstständigung ein erhöhtes Gefahrenpotential für Rechtsgüter aufweist. Eine Feststellung der mangelnden Sorgfalt beim Einsatz von selbstlernenden Systemen wäre oft gar nicht möglich und führt unweigerlich

---

[71] https://www.sueddeutsche.de/auto/uber-unfall-robotaxi-amerika-ursache-1.4670087 (zuletzt aufgerufen am 1.4.2020).
[72] Spindler, CR 2015, 766.
[73] Bericht der Kommission vom 19.2.2020 an das europäische Parlament und den europäischen Wirtschafts- und Sozialausschuss über die Auswirkungen künstlicher Intelligenz, des Internets der Dinge und der Robotik in Hinblick auf Sicherheit und Haftung, COM (2020) 64 final.
[74] Borges, NJW 2018, 977 (981).
[75] BeckOGKBGB-*Spindler*, § 823 Rn 99.

zu Beweisproblemen.[76] Es stellt sich somit die Frage nach einem zufriedenstellenden Lösungskonstrukt.

aa) Gefährdungshaftung

Das EU-Parlament befürwortete in seiner Entschließung vom 16.2.2017 eine Gefährdungshaftung für autonome Systeme.[77]

Ein vorbildliches Haftungskonstrukt könnte die Tierhalterhaftung für Luxustiere nach § 833 S. 1 BGB sein.

Die Ratio der Norm beruht auf dem Gedanken, dass die Risiken der unkontrollierbaren Tiergefahr demjenigen zuzurechnen sind, der im eignen Interesse die Vorteile aus der Tiernutzung zieht.[78] Das unberechenbare Verhalten eines Tieres einerseits und die durch den Menschen nicht mehr nachvollziehbare Entscheidungsfindung eines autonomen Systems andererseits könnten aufgrund der Unbeherrschbarkeit vergleichbar sein.[79]

Bedenken an einer Vergleichbarkeit bestehen dahingehend, ein Betreiber, der meist auch Verbraucher ist, möge außer der Entscheidung, überhaupt ein autonomes System einzusetzen, mangels eines Einblicks in die Programmierung keinen Einfluss auf die Verwirklichung des Autonomierisikos haben. Eine Steuerung und Begrenzung des Verhaltens seien regelmäßig nur durch den Hersteller möglich. Bei der Tierhalterhaftung soll jedoch eine bessere Beherrschbarkeit durch den Tierhalter durchaus gegeben sein.[80] Insoweit könnte die schärfste Haftung des Zivilrechts und komplette Haftungsverlagerung auf den Anwender etwas radikal erscheinen.[81]

Da die Gefährdungshaftungstatbestände einen strengen numerus clausus verfolgen und aufgrund ihres speziellen Charakters nicht analogiefähig sind,[82] handelt es sich auch bei diesen Überlegungen um Vorschläge nach zukünftigem Recht.

---

[76] Brunotte, CR 2017, 583 (585).
[77] Entschließung des europäischen Parlaments vom 16.2.2017 mit Empfehlungen an die Kommission zu zivilrechtlichen Regelungen im Bereich Robotik (2015/2103- P8_TA (2017) 0051, Erwägung AH., Begr. Nr. 54.
[78] Dauner-Lieb/Langen-*Katzenmeier*, § 833 Rn 2.
[79] Brunotte, CR 2017, 583 (585).
[80] Gless/Seelmann-*Zech*, Intelligente Agenten und das Recht, 163 (196).
[81] Börding/Jülicher/Röttgen/von Schönfeld, CR 2017, 134 (140).
[82] BeckOGKBGB-*Spindler*, § 823 Rn 6; Börding/Jülicher/Röttgen/von Schönfeld, CR 2017, 134 (140).

bb) Haftung für vermutetes Verschulden

Interessant erscheint auch der Vergleich autonomer Systeme mit Kindern, angelehnt an § 832 Abs. 1 BGB. Die Norm folgt dabei dem traditionellen Verschuldensprinzip, beinhaltet aber im Gegensatz zu § 823 Abs. 1 BGB eine Beweislastumkehr.[83] Eine Verschuldenshaftung mit Beweislastumkehr würde es dem Betreiber eines autonomen Systems ermöglichen, einen Entlastungsbeweis zu führen. Der Gesetzgeber könnte mit der Norm bewiesen haben, bei der Haftung für selbstständig agierende Wesen, worunter Kinder und autonome Systeme fallen, statt einer engen Gefährdungshaftung eher auf eine Verschuldenshaftung mit Beweislastumkehr zu setzen.[84] Vor diesem Hintergrund könnte ebenfalls in an eine Analogie für die Haftung für Gebäude nach § 836 BGB gedacht werden, wonach die Ersatzpflicht eintritt, wenn der Betreiber eines autonomen Systems nicht beweisen kann, alle zur Abwehr der Gefahr erforderlichen Vorkehrungen getroffen zu haben.[85]

cc) Zwischenergebnis

Der Grundsatz, dass jemand, der einen Nutzen aus einem potentiell gefährlichen Gegenstand zieht, auch für etwaige durch diesen Gegenstand verursachte Schäden haften soll, lässt sich auch auf autonome Systeme übertragen. Insoweit steht der Weg de lege ferenda für eine strenge Gefährdungshaftung für Betreiber autonomer Systeme offen.

Die Ansicht, die eine Parallele zur Verschuldenshaftung mit Beweislastumkehr für Kinder, angelehnt an § 832 Abs. 1 BGB sieht und dabei Kinder und autonome technische Systeme unter dem Oberbegriff „selbstständig agierende Wesen" vergleicht, verkennt dabei, dass Kinder keine „Luxusgegenstände" darstellen, deren Gebrauch optional ist. Vielmehr wird durch Kinder der Erhalt der Menschheit sichergestellt. Autonome Systeme, Roboter und andere Maschinen, die dem Menschen die Arbeit erleichtern, sind jedoch ähnlich wie Luxustiere ein Privileg, deren Nutzung nicht unentbehrlich ist. Wer sich jedoch erlaubt, ein solches Privileg trotz

---

[83] BeckOGKBGB-*Wellenhofer,* § 832 Rn 2.
[84] Borges, NJW 2018, 977 (981).
[85] Grützmacher, CR 2016, 695 (698).

seiner abstrakten Gefährlichkeit zu nutzen, muss folgerichtig ausnahmslos für die Schäden einstehen, die durch einen solchen Einsatz entstehen.

b) Haftung des Herstellers

aa) Produzentenhaftung

Bei der deliktischen Produzentenhaftung handelt es sich um eine besondere Ausformung der Verkehrssicherungspflicht. Der Hersteller, der durch Inverkehrbringen eines fehlerhaften Produktes eine Gefahrenquelle schafft, muss je nach Zumutbarkeit verhindern, dass ein Mensch durch das fehlerhafte Produkt in seinen von § 823 Abs. 1 BGB geschützten Rechtsgütern zu Schaden kommt.[86] Dabei wird nach richterrechtlich entwickelten Grundsätzen zwischen Konstruktions-, Instruktions-, Fabrikations-, und Produktbeobachtungsfehlern unterschieden.[87]

Die Anwendung der Produzentenhaftung auf autonome Systeme ist aber dort zweifelhaft, wo Schäden nicht auf einen Konstruktions-, Instruktions-, oder Produktbeobachtungsfehler zurückzuführen sind, sondern gerade deswegen eintreten, weil autonome Systeme sich für sie typisch unberechenbar verhalten. Konkrete Fehlentscheidungen sind daher weder vorhersehbar noch vermeidbar.[88] Ein vollständiger Einblick in die genaue Entscheidungsfindung und Lernfähigkeit autonomer Systeme ist nach dem Stand der Technik nicht möglich.[89]

Für bei der Produktion nach dem Stand der Wissenschaft und Technik nicht erkennbare sogenannte Entwicklungsfehler haftet der Hersteller nicht.[90] Das Vorliegen eines Entwicklungsfehlers setzt wiederum voraus, dass die potentielle Gefährlichkeit des Produkts im Zeitpunkt seiner Inverkehrgabe nach dem damaligen Stand von Wissenschaft und Technik nicht erkannt werden konnte.[91]

Autonomen, lernfähigen Systemen ist aber immer eine gewisse abstrakte Gefährlichkeit eigen, sodass diese zu diesem Zeitpunkt des Inverkehrbringens grundsätzlich ohne weiteres erkennbar war.[92] Andererseits

---

[86] BeckOKBGB-*Förste,* § 823 Rn 673.
[87] MüKoBGB-*Wagner*, § 823 Rn 806.
[88] Sosnitza, CR 2016, 764 (769).
[89] Kirn/Müller-Hengstenberg, MMR 2014, 225 (232).
[90] BGHZ 51, 91 (105); BeckOGKBGB-*Spindler*, § 823 Rn 633.
[91] BGH NJW 2009, 2952 (2955).
[92] Gless/Seelmann-*Zech*, Intelligente Agenten, S. 192.

könnte gerade der Verzicht auf den Einsatz einer autonomen Software pflichtwidrig sein, wenn die bei einem autonomen System durch ein Eigenleben entstandene Schädigungsrate nachweislich geringer ausfällt als bei einem konventionellen System und Unfälle die Ausnahme bleiben.[93] Letztendlich verbietet sich jede pauschale Entscheidung. Vielmehr hat eine Einzelfallabwägung der Gefahr für fremde Rechtsgüter, der Steuerbarkeit des Systems einerseits und dem Nutzen des autonomen Systems andererseits zu erfolgen.[94]

bb) Produkthaftung

Das deutsche Produkthaftungsgesetz ist seit beinahe 35 Jahren Ergebnis der europäischen Produkthaftungsrichtlinie zur Anpassung der verschuldensunabhängigen Haftung für die Herstellung fehlerhafter Produkte.[95] Mögliche Anpassungen der europäischen Produkthaftungsrichtlinie und ein möglicher neuer Haftungsrahmen für neue Technologien werden aktuell durch die Europäische Kommission diskutiert.[96] Dabei ist besonders zu berücksichtigen, inwieweit die bestehende Produkthaftungsrichtlinie noch zufriedenstellende Haftungslösungen für unabhängige Softwaresysteme bietet.[97]

(1) Produkt

Eine Gefährdungshaftung besteht gemäß § 1 Abs. 1 ProdHaftG für den Hersteller eines Produkts. Das Produkt ist dabei legaldefiniert in § 2 ProdHaftG als jede bewegliche Sache. Bei Einsatz von nicht physisch existenten Softwaresystemen stellt sich jedoch wiederum die Frage nach der Haftung. So kommen zum Beispiel Persönlichkeitsrechtsverletzungen durch eine automatische Suchworterergänzung von Google in Betracht.[98]

Der Meinungsstand zur Einbeziehung von Software in den Produktbegriff ist breit gefächert und dadurch unübersichtlich.[99] In dem bereits erwähnten Bericht der Kommission schlägt diese vor, den Anwendungsbereich des

---

[93] Sosnitza, CR 2016, 764 (770).
[94] Fischer/Hoppen/Wimmers-*Riehm/Meier*, Künstliche Intelligenz im Zivilrecht, Rn 27.
[95] BeckOGKProdHaftG-*Seibl*, § 1 Rn 2.
[96] Bericht der Europäischen Kommission an das europäische Parlament, den Rat und den europäischen Wirtschafts- und Sozialausschuss vom 19.2.2020, COM (2020) 64 final.
[97] Seehafer/Kohler, EuZW 2020, 213.
[98] BGH NJW 2013, 2348.
[99] Seehafer/Kohler, EUZW, 213 (214).

„Produkts" in Zukunft zu präzisieren, um den Entwicklungen neuartiger Technologien gerecht zu werden.[100]

(2) Fehler

Ein Produkt hat einen Fehler, wenn es nach § 1 Abs. 1 ProdhaftG nicht die Sicherheit bietet, die berechtigterweise erwartet werden kann. Bei neuartigen Softwares ist das maßgebliche Problem, dass Vergleichsmaßstäbe oft nicht existieren. Dabei kann auch an neuartige Technologien nicht der Anspruch der absoluten Sicherheit gestellt werden. Anknüpfungspunkt des Fehlers ist dabei die Programmierung des lernfähigen, selbstständigen Algorithmus. Es ist danach zu fragen, ob eine sorgfältige Programmierung den Schadenseintritt verhindert hätte.[101] Zwar könnte man alle autonomen Softwaresysteme von vorneherein als fehlerhaft einordnen, weil die zukünftigen Handlungen vom Hersteller nicht vollständig kontrolliert werden können.[102] Dadurch würde jedoch das entscheidende ökonomische Kosten-Nutzen-Verhältnis autonomer Systeme außer Acht gelassen werden. Ein autonomes System ist dann fehlerfrei konstruiert, wenn es die Schadenskosten, die durch ein konventionelles System entstehen, halbiert.[103] Es erscheint somit nicht sachgerecht, alle autonomen Systeme von vorneherein als fehlerhaft einzuordnen, da diese sogar mit dem Zweck hergestellt und eingeführt wurden, Schäden und Unfälle zu minimieren, indem die Fehlerquelle „Mensch" beseitigt wird.

(3) Maßgeblicher Zeitpunkt

Maßgeblicher Zeitpunkt für die Fehlerhaftigkeit ist nach § 3 Abs. 1 c) ProdHaftG das Inverkehrbringen. Autonome Systeme entwickeln sich jedoch auch über den Zeitpunkt des Inverkehrbringens selbstständig weiter. Wenn das System sich nun in einer Weise weiterentwickelt, die in dem Ursprungsalgorithmus nicht vorgesehen war und dies zu einem gefährlichen Verhalten des Systems führt, ist hier insbesondere die Frage nach der Haftung

---

[100] Bericht der Europäischen Kommission an das europäische Parlament, den Rat und den europäischen Wirtschafts- und Sozialausschuss vom 19.2.2020, COM (2020) 64 final, S. 21.
[101] Seehafer/Kohler, EuZW, 213 (214 f.).
[102] Gless/Seelmann-*Zech*, S. 192.
[103] Faust/Schäfer, Probleme des Internet und der künstlichen Intelligenz, S. 16.

des Herstellers interessant,[104] da das Produkthaftungsgesetz im Gegensatz zur Produzentenhaftung keine Produktbeobachtungspflicht kennt.[105] In Ihrem Bericht schlägt die Kommission vor, den Begriff des „Inverkehrbringens" zu überarbeiten, um zu regeln, wer für durch die Autonomie bedingte Veränderungen des Produktes haftet.[106]

cc) Zwischenergebnis

Es ist positiv zu bewerten, dass die Kommission die bestehenden Haftungslücken bei der Anwendung des Produkthaftungsgesetzes (bzw. der Produkthaftungsrichtlinie 85/374/EWG - die Haftungsstandards sind in Ihren wesentlichen Punkten identisch[107]) erkannt hat und sich bewusst darüber ist, dass die Haftungsfragen für durch autonome, lernfähige Computersysteme verursachte Schäden nicht optimal durch die 35 Jahre alten Regelungen beantwortet werden können. Insoweit bleibt abzuwarten, welche Anpassungen der Richtlinie vorgenommen werden, oder ob gar eine strikte Gefährdungshaftung für Hersteller autonomer Softwaresysteme eingeführt wird. Im Zusammenhang mit einer strikten Gefährdungshaftung ist jedoch zu beachten, dass dies die Gefahr birgt, den Anreiz der Hersteller für die Entwicklung innovativer autonomer Systeme zu schmälern und den digitalen Fortschritt einzudämmen.

3. Computer als Rechtssubjekt

a) Meinungsstand

Die Rechtsfähigkeit eines Menschen beginnt mit der Vollendung seiner Geburt, § 1 BGB. Dabei sind grundsätzlich nur Menschen rechtsfähig.[108]
Die Rechtsfähigkeit ist jedoch nicht statisch, sondern dynamisch. Jede Rechtsordnung ist grundsätzlich in der Lage, die Voraussetzungen für den Erwerb der Rechtsfähigkeit neu zu definieren und neue Entitäten miteinzubeziehen. Dies beruht auf der freien Entscheidung des Gesetzgebers.[109]

---

[104] Seehafer/Kohler, EuZW, 213 (215).
[105] BeckOGKProdHaftG-*Goehl*, § 3 Rn 75.
[106] Bericht der Europäischen Kommission an das europäische Parlament, den Rat und den europäischen Wirtschafts- und Sozialausschuss vom 19.2.2020, COM (2020) 64 final, S. 18.
[107] Faust/Schäfer, Probleme des Internet und der künstlichen Intelligenz, S. 11.
[108] Palandt-*Ellenberger*, § 1 Rn 1.
[109] BeckOGKBGB-*Behme*, § 1 Rn 36.

Vor dem Hintergrund der immer wachsenden Digitalisierung ist daher fraglich, ob unser untrennbares Verständnis von Rechtsfähigkeit und Menschsein nicht mittlerweile überholt ist. Es ist insbesondere die Frage aufzuwerfen, ob autonome Systeme bzw. „Softwareagenten"[110] selbstständig Träger von Rechten und Pflichten sein können.

Die Europäische Kommission veröffentlichte am 19.2.2020 das sogenannte „Weißbuch zur künstlichen Intelligenz", in dem sie Strategien zum verantwortungsvollen Umgang mit künstlicher Intelligenz vorstellte.[111] Dort setzte diese sich im Wesentlichen mit einer potentiellen Gefährdung von Werten, auf denen die EU basiert, auseinander.[112]

Die besondere Aktualität der Debatte auf nationaler Ebene wird auch insbesondere durch das von der Datenethikkommission veröffentlichte Gutachten vom 23.10.2019 deutlich, worin sich die Mitglieder auf den Auftrag der Bundesregierung vom 18.7.2018 hin mit ethischen Maßstäben datenbasierter Technologien beschäftigen und rechtliche Rahmenbedingungen für solche Systeme entwickelten.[113]

So rät die Datenethikkommission dringend davon ab, technischen System eine Rechtspersönlichkeit zu verleihen und diese somit autonom haften zu lassen. Als Begründung wird dabei aufgeführt, dass sich durch eine derartige Handhabung die für den Einsatz autonomer Systeme Verantwortlichen ökonomisch aus der Haftung ziehen können.[114] Die Schaffung einer E-Person liefe daher faktisch auf eine Haftungsbeschränkung hinaus, für die es keinen Bedarf gebe.[115]

Grund für diese stark ablehnende Haltung der Datenethikkommission dürfte wohl die Ausrichtung des Gutachtens auf ethische, moralische und weniger rechtstechnische und nutzenfokussierte Beweggründe bei der Entscheidungsfindung sein.

---

[110] Hengstenberg/Kirn, MMR 2014, 307 (308).
[111] Europäische Kommission, Weissbuch zur künstlichen Intelligenz, COM (2020) 65 final.
[112] Europäische Kommission, Weissbuch zur künstlichen Intelligenz, COM (2020) 65 final, S. 12 ff.
[113] Gutachten der Datenethikkommission vom 23.10.2019, abrufbar unter: https://www.bmjv.de/SharedDocs/Downloads/DE/Themen/Fokusthemen/Gutachten_DEK_DE.html?nn=11678504 (zuletzt abgerufen am 1.4.2020).
[114] Gutachten der Datenethikkommission vom 23.10.2019, S. 219, abrufbar unter: https://www.bmjv.de/SharedDocs/Downloads/DE/Themen/Fokusthemen/Gutachten_DEK_DE.html?nn=11678504 (zuletzt abgerufen am 1.4.2020).
[115] Raue/von Ungern-Sternberg, ZRP 2020, 49 (51).

Aber nicht nur die Datenethikkommission macht die Frage nach der Rechtsfähigkeit von Softwareagenten von unserer verfassungsmäßigen Werteordnung abhängig, an deren Spitze die Menschenwürde steht.[116] Ausnahmslos für alle Lebensbereiche gilt, dass der Mensch als selbstverantwortende Persönlichkeit unverlierbare Werte in die Staatsordnung bringt.[117] Schließlich äußerte Kant, der Mensch dürfe nicht als Mittel der Zweckerfüllung eines anderen gelten; insoweit habe jeder Mensch einen „Zweck an sich".[118]

Dabei ist bei der Bestimmung, was denn eigentlich das „Menschsein" ausmache, die Emotionalität ebenfalls mit einzubeziehen.[119]

Aus einem anderen Blickwinkel betrachtet könnte es jedoch pure menschliche Arroganz darstellen, dass wir als menschliche Spezies andersgearteten Wesen die Würde absprechen, weil diese sich gegen eine Emotionalität entscheiden. Diese Wesen sollten den Teilhabeanspruch an unserer Rechtsordnung nicht deswegen verlieren, weil Menschen noch zusätzliche Merkmale wie eben die Emotionen aufweisen.[120]

Ein zusätzliches Indiz könnte der 1950 vom britischen Mathematiker entwickelte sogenannte „Turing-Test" geben, wonach Menschen fünf Minuten lang nicht sichtbare Testpartner befragen sollen, wobei einer von Ihnen ein Softwaresystem, und der andere ein Mensch ist. Falls das System in 30 % der Fälle den Menschen darüber täuschen konnte, welcher Gesprächspartner die künstliche Intelligenz und welcher ein Mensch war, galt der Test als bestanden.[121] Jedoch kann alleine ein menschenähnliches Verhalten bzw. eine menschenähnliche Entscheidungsfindung kein moralisches Argument dafür darstellen, einem Agenten die Rechtspersönlichkeit zuzusprechen.[122]

In Bezug darauf finden sich auch Meinungen, die die Schaffung einer künstlichen Persönlichkeit de lege ferenda bejahen. Es wird betont, dass es nicht darum ginge, dem Menschen als solchen seine Einzigartigkeit

---

[116] Müller-Hengstenberg/Kirn, MMR 2017, 307.
[117] BeckOKGG-*Hillgruber*, Art. 1 Rn 12 f.
[118] Hufen, JuS 2010, 1.
[119] Gaede, Rechte für Roboter, S. 46.
[120] Gaede, Rechte für Roboter, S. 47.
[121] Gaede, Rechte für Roboter, S. 49.
[122] Sorge, Softwareagenten, S. 34.

abzusprechen, sondern neuartige „Wesen" in das Rechtssystem zu etablieren, vergleichbar mit Tieren oder juristischen Personen.[123]

Das Beispiel der juristischen Person zeige dabei, dass diese zwar nicht mit dem Menschen auf einer Stufe stehen sollte, und doch als abgestuftes Rechtssubjekt anerkannt wurde. Das Grundgesetz geht gerade nicht von einer Exklusivität menschlicher Rechtssubjektivität aus, nur weil es die Menschenwürde zum Ausgangspunkt erklärt.[124] Seit der Entscheidung des Bundesgerichtshofs zur Gesellschaft bürgerlichen Rechts ist bekannt, dass die Rechtsfähigkeit auch Jahrzehnte später noch gefunden werden kann.[125]

Die Problematik ließe sich auch aus dem umgekehrten Blickwinkel sehen, indem man sich fragt, was uns als Spezies Mensch dazu bewegt, Agenten den Rechtssubjektstatus zu verweigern.[126] Hiernach ließe sich der Status nicht deshalb verweigern, weil wir als Menschen die Schöpfer künstlich intelligenter Wesen sind, da auch Kinder menschengemacht sind. Obwohl Menschen auf eine natürliche Art und Weise auf die Welt gekommen sind, existieren Mechanismen zur modernen Fortpflanzungsmedizin oder Möglichkeiten, seinen Körper durch künstliche Implantate zu optimieren, ohne, dass dabei jenen Menschen die Würde aberkannt wird.[127]

Machte man die Rechtssubjektivität ferner nicht von der Willensmacht abhängig, sondern von der Fähigkeit, sein eigenes Verhalten zu kontrollieren, sind autonome Systeme Verantwortungsträger, da sie auf selbständige Art und Weise zwar nicht Willensbildungsfähig sind, aber mit gezielter „Intentionalität" handeln.[128]

Vor dem Hintergrund einer größeren Rechtfertigungslast ist jedoch auf die Gefahr der Schaffung einer künstlichen, rechtsfähigen Person hinzuweisen. Mit dem Einhergehen vieler Rechte für Maschinen, dürfte es dem Gesetzgeber fortschreitend immer schwerer fallen, zu begründen, warum bestimmte Rechte, wie z.B. das Erbrecht den Maschinen nicht zustehen.[129]

---

[123] Mayinger, Die künstliche Person, S. 168.
[124] Schirmer, JZ 2016, 660 (662).
[125] Schirmer, JZ 2016, 660 (663).
[126] Gaede, Rechte für Roboter, S. 36.
[127] Gaede, Rechte für Roboter, S. 39.
[128] Schirmer, JZ 2016, 660 (662).
[129] Schirmer, JZ 2016, 660 (662).

b) Zwischenergebnis

Ob man dem Softwareagenten, Computern oder „Robotern" in Zukunft eine eigene Rechtspersönlichkeit einräumt, hängt bei der Vielzahl an Meinungen in Politik und Literatur davon ab, aus welcher Perspektive dies betrachtet wird. Stellt man sich auf den moralischen und anthropologischen Standpunkt und erklärt die Menschenwürde als Ausgangspunkt der Debatte, so dürfte es schwierig werden, in Zukunft den Weg frei für eine elektronische Rechtspersönlichkeit zu machen. Hält man sich dann noch zusätzlich alle Gefahren vor Augen, die potentiell von autonomen Systemen ausgehen, wie die deutsche Datenethikkommission und das europäische Parlament in ihren Stellungnahmen, kommt man zu der eindeutigen Ablehnung der künstlichen Person.

Kleinere Stimmen in der Literatur haben bei ihren Vorschlägen und Aussagen im Gegensatz zu staatlichen Stellen nicht die Verantwortungslast der Ethik und Moral zu tragen, sodass hier überwiegend auf den Nutzen der Rechtssubjektivität von Softwareagenten abgestellt werden kann. Jedoch scheint das Bedürfnis einer solchen Konstruktion zweifelhaft. Sowohl im rechtsgeschäftlichen als auch im deliktischen Bereich können die neuartigen Probleme über bereits bestehende Konstrukte und Haftungssubjekte gelöst werden. Insoweit erscheint es naheliegender, Vorschriften für bereits bestehende Haftungssubjekte und Akteure (z.B. Hersteller, Betreiber, Erklärender) anzupassen oder zu entwerfen, als ein neues Haftungssubjekt einzuführen. Werden einer neuartigen Rechtspersönlichkeit nämlich erstmalig eigene Rechte zugewiesen, sei es auch nur im Rahmen einer Teilrechtsfähigkeit, droht der Gesetzgeber zunehmend in eine unterlegene Rolle zu geraten, begründen zu müssen, warum der neuen Rechtsperson gewisse andere Rechte nicht zustehen können.

4. Immaterialgüterrechtliche Aspekte

Die Autonomie von selbstlernenden Systemen schlägt sich auch in andere Bereiche des Zivilrechts durch. Erwähnenswert ist dabei das mittels eines neuronalen Netzwerkes geschaffene Porträt „Edmond de Belamy", welches von einem amerikanischen Auktionshaus für viel Geld versteigert wurde.[130]

---

[130] https://www.zeit.de/kultur/kunst/2018-10/kuenstliche-intelligenz-versteigerung-gemaelde-algorithmus-christie-s-auktionshaus (zuletzt aufgerufen am 1.4.2020).

Im Folgenden soll der Frage nachgegangen werden, ob autonom handelnde, lernfähige Computersysteme durch Einsatz von Algorithmen weitestgehend selbstständig kreativ tätig werden können, ob diese Endprodukte einen Schutz genießen, der an den Schutzmaßstab eines durch einen Menschen erschaffenen Werkes herankommt und ob dem autonomen System möglicherweise selber ein Urheberrecht zugeordnet werden kann.

Gegenstand der nachfolgenden Ausführungen soll hingegen nicht sein, ob und unter welchen Voraussetzungen autonome Systeme an sich urheberrechtlich schutzfähig sind.

a) Schutzfähigkeit nach dem UrhG

Gemäß § 7 UrhG steht dem Schöpfer des Werkes auch das Urheberrecht an dem Werk zu. Geschützt nach § 2 Abs. 2 UrhG sind Werke, die persönlich geistig geschöpft sind. In der Schöpfung schlägt sich dabei regelmäßig die Individualität des Schöpfers nieder.[131]

Grundsätzlich sind sowohl der Schutzumfang als auch die Schutzvoraussetzungen des Urheberrechts auf menschliches Kreieren zugeschnitten.[132] Darauf deutet die Schutzfrist nach § 64 UrhG hin, die an den Tod des Urhebers anknüpft und das Bestehen gewisser Urheberpersönlichkeitsrechte.[133]

Eine persönliche Schöpfung setzt dabei eine sog. „menschlich-gestalterische Tätigkeit" des Urhebers voraus.[134] Auch deuten Formulierungen mehrerer europäischer Richtlinien darauf hin, dass nur menschliche Leistungen einen urheberrechtlichen Schutz genießen.[135]

Grundsätzlich ist es für die Schutzfähigkeit unschädlich, wenn der Schöpfer sich bei der Erstellung seines Werkes technischer Hilfsmittel bedient, wozu auch Computerprogramme gehören.[136] Wird das Ergebnis jedoch durch ein autonomes System selbstständig erstellt, kann nicht mehr von einem reinen Hilfsmittel gesprochen werden. Durch die Lern- und Anpassungsfähigkeit des Systems wird ein Ergebnis generiert, in welchem sich gerade keine konkreten kreativen Gedanken und Ideen des Schöpfers niederschlagen. Die

---

[131] Loewenheim-*Czychowski*, § 9 Rn 63.
[132] Lauber-Rönsberg, GRUR 2019, 244 (245).
[133] FS Walter-*Peifer*, 222 (225).
[134] Schricker/Loewenheim-*Loewenheim*, § 2 Rn 38.
[135] Art. 1 III Computerprogramm RL 2009/24; Art. 3 I Datenbank-RL 96/90.
[136] Loewenheim-*Czychowski*, § 9 Rn 63.

bloße Idee, algorithmenbasierte Systeme zielgerichtet zum Erschaffen zu nutzen, ist urheberrechtlich nicht schützenswert.[137]

Hierbei ist zunächst zu berücksichtigen, dass es durchaus Konstellationen gibt, in denen der Schöpfer Zufallselemente in die Schaffung seines Werkes einbezieht. Dahingehend wird vertreten, dass es für das persönliche Schaffen ausreichen solle, wenn der Schöpfer zwischen mehreren Erzeugnissen, die im Wege des Zufallsprinzips, der „Aleatorik" entstanden sind, eine Auswahl trifft und aus vielen verschiedenen Versionen das Werk bestimmt.[138]

Daran angelehnt vertritt *Max Kummer*, eine Auswahl und Präsentation vorgefundener Gegenstände könne ebenfalls ein Werk darstellen.[139] Dieser Gedanke könnte auch auf Erzeugnisse autonomer Systeme übertragen werden. Die gekonnte Auswahl eines solchen Ergebnisses unter mehreren könnte eine geistige, menschliche Schöpfung darstellen und eine Schutzfähigkeit begründen. Jedoch würde dies zur Folge haben, dass die Entscheidung, ob Urheberrecht an einem Werk entstehen soll, zur Disposition des Einzelnen gestellt werden würde.[140]

Dagegen spricht jedoch der naturrechtlich geprägte Ansatz des Urheberrechts, der durch den Bundesgerichtshof in seiner „Grundig-Reporter-Entscheidung" bestätigt wurde.[141] Hiernach folgt ein Urheberrecht aus der Natur der Sache aus der Beziehung des Schöpfers zu seinem Werk; durch das positive Gesetz wird ein Urheberrecht nicht erstmalig begründet, sondern lediglich anerkannt und ausgestaltet.

Denkbar sind auch Fälle, in denen die entstandenen Ergebnisse teilweise durch einen Computer, teilweise durch menschliche Handlungsanweisungen zustande kommen und die einzelnen Anteile sich nicht genau nachverfolgen lassen. Fraglich ist, wie menschlich vorhersehbar und kontrollierbar die Entscheidung sein muss, damit das Endprodukt als menschengemacht zählt und urheberrechtlichen Schutz genießt.[142] Eine enge Auffassung bejaht die Schutzfähigkeit nur, wenn die Anweisungen an die Maschine zu einem geplanten und festgelegten Ergebnis führen.[143] Sachgerechtere Ergebnisse

---

[137] Legner, ZUM 2019, 807 (808).
[138] Dreier/Schulze-*Schulze*, § 2 Rn 8.
[139] Dreier/Schulze-*Schulze*, § 2 Rn 9.
[140] Lauber-Rönsberg, GRUR 2019, 244 (245).
[141] BGH GRUR 1955, 492.
[142] Lauber-Rönsberg, GRUR 2019, 244 (247).
[143] Wandtke/Bullinger-*Bullinger*, § 2 Rn 17.

lassen sich jedoch aufgrund einer Gesamtabwägung erzielen, in die der Anteil menschlichen Schaffens am Gesamtergebnis einbezogen wird.[144] Geplante und zufällige Elemente können gestalterische Eigenschaften aufweisen, wenn diese in einem Werk zusammenkommen.[145]

b) Schöpfer

Angelehnt an die bereits diskutierte Frage der allgemeinen Rechtsfähigkeit autonomer Systeme ist fraglich, ob es sinnvoll ist, dem Computersystem selbst de lege ferenda ein Urheberrecht zuzugestehen.

Die Lernfähigkeit des Systems könnte indes für die Kreativität des Systems sprechen. Jedoch ordnet man dem Kreativitätsbegriff Emotionen, Erlebnisse und Charaktereigenschaften zu.[146]

Der Computer kann aber den Sinn und die Bedeutung der Symbole und Zeichen nicht erfassen. Ein soziales Handeln wie Intuition, Erfahrungen oder individuelles Vorverständnis sind dem Algorithmus fremd.[147] Auch erscheint es abwegig, anzunehmen, der Computer schaffe ein Werk, um sich auszudrücken oder einen gesellschaftlichen Austausch auszulösen. Vielmehr ist das System darauf bedacht, eine Aufgabe oder ein Problem zu lösen. Gerade ideelle und nicht pragmatische Zwecke sind jedoch typisch für das Urheberrecht.[148]

Zudem sind auch Vermögensinteressen durch das Urheberrecht geschützt.[149] Ordnet man dem Softwaresystem ein eigenes Urheberrecht zu, wäre nicht geklärt, wer befugt ist, das Schutzrecht durchzusetzen und etwaige Gewinne einzunehmen.[150] Ferner entstünden keine finanziellen Interessen des Computersystems, wodurch ein Verhaltensanreiz für die Schaffung neuer Werke ausbleiben könnte.[151]

c) Ergebnis

Der Meinungsstand unterstreicht die Wichtigkeit des Schöpferprinzips und menschlichen Schaffens im deutschen Urheberrecht und macht deutlich, dass

---

[144] Lauber-Rönsberg, GRUR 2019, 244 (247).
[145] Wandtke/Bullinger-*Bullinger*, § 2 Rn 17.
[146] Legner, ZUM 2019, 807 (810).
[147] Hoffmann-Riem, AöR 142 (2017), 1 (28).
[148] Legner, ZUM 2019, 807 (810).
[149] BGH GRUR 1955, 492 (496).
[150] Hetmank/Lauber-Rönsberg, GRUR 2018, 574 (581).
[151] Legner, ZUM 2019, 807 (810 f.).

ein Programmierer eines Softwaresystems nur ein Urheberrecht an dem Ergebnis haben kann, wenn er den Schaffensprozess herrschend lenkt und das System als Werkzeug gestalterisch nutzt. Eine Präsentation und Auswahl eines Ergebnisses, mag sie noch so gekonnt sein, überzeugt jedoch nicht für die Begründung eines Urheberrechtes.

De lege ferenda erscheint ein Urheberrecht des intelligentes Softwaresystem unwahrscheinlich. Im Gegensatz zur anerkannten (Teil-) Rechtsfähigkeit juristischer Personen, kommt eine Schöpfereigenschaft von solchen (wie auch von Vereinen und Institutionen des Staates) nämlich nicht in Betracht.[152] Dies verdeutlicht die persönlichkeitsrechtliche und anthropozentrische Ausrichtung des Urheberechts und macht eine Ausdehnung des Schöpferprinzips auf autonome Systeme unwahrscheinlich. Jedenfalls ist eine Reform keinesfalls vor der Anerkennung der Rechtsfähigkeit künstlicher Personen zu erwarten. Wahrscheinlicher ist aber wohl eine Anerkennung eines Schutzrechts eigener Art außerhalb des Urheberrechts.

5. Datenschutzrechtliche Aspekte

In seinem berühmten „Volkszählungsurteil" leitete das Bundesverfassungsgericht im Jahre 1983 das „Recht auf informationelle Selbstbestimmung" aus dem allgemeinen Persönlichkeitsrecht nach Maßgabe des Art. 2 Abs. 1 GG in Verbindung mit Art. 1 GG ab.[153]

Heutzutage existieren Algorithmen, die große, manuell nicht handhabbare Datenmengen selbstständig organisieren und verschieben. Die Speicherung und Auswertung von Daten sind durch Algorithmen nahezu unbegrenzt möglich.[154] In diesem Zusammenhang wird auch von „Big Data" gesprochen. Eigenständiges Verhalten autonomer Systeme wird erst durch die Gewinnung und Verarbeitung von großen Datenbeständen möglich,[155] wobei auch vermehrt personenbezogene Daten herangezogen werden.[156]

Der Datenschutzrechtliche Zweckbindungsgrundsatz gemäß Art. 5 Abs. 1 lit. b DS-GVO gebietet insoweit, dass personenbezogene Daten nur für „festgelegte, eindeutige und legitime Zwecke" erhoben werden.

---

[152] Dreier/Schulze-*Schulze*, § 2 Rn 2.
[153] BVerfG 65, 1.
[154] Spindler/Seidel, NJW 2018, 2153.
[155] Keßler, MMR 2017, 589 (590).
[156] Spiecker gen. Döhmann/Bretthauer, G 2.4.81.

28

Der Konflikt zwischen dem Datenschutzrecht, welches in erster Linie von Maximen wie Datensparsamkeit und Zweckbindung geleitet wird und der Datenauswertung durch Algorithmen ist darauf zurückzuführen, dass Algorithmen Daten zweckfrei in möglichst großen Mengen erfassen, um diese zur Gewinnung neuer Erkenntnisse zu analysieren.[157]

In der „Hambacher Erklärung" im Rahmen der 97. Datenschutzkonferenz am 3.4.2019 verabschiedeten Teilnehmer datenschutzrechtliche Anforderungen an künstliche Intelligenz.[158] Dort wurde unter anderem formuliert, künstliche Intelligenz solle nur für verfassungsrechtlich legitimierte Ziele eingesetzt werden und das Zweckbindungsgebot nach Art. 5 Abs. 1 lit. b DS-GVO sowie den Datenminimierungsgrundsatz gemäß Art. 5 Abs. 1 lit. c DS-GVO einhalten. Somit bleibt festzustellen, dass Fachleute potentielle Probleme, die mit selbstlernenden Algorithmen und Datenschutz einhergehen, genauestens im Blick haben. Die Entwicklungen hierzu stehen jedoch noch am Anfang. Somit bleibt abzuwarten, ob die Vorgaben sich einhalten lassen.

6. Definitionen für Internetnutzer

a) Klassische Algorithmen

Herkömmliche Algorithmen treffen ihre Entscheidungen linear so, wie vom Programmierer mittels einer Handlungsanweisung vorgegeben, vergleichbar mit einer Bauanleitung. Sie sind so konzipiert, dass die Prozesse, die zu der Entscheidungsfindung geführt haben, durchschaubar bleiben und müssen für ihre Arbeit nicht auf große Datenbestände zurückgreifen.

b) Selbstlernende Algorithmen

Selbstlernende Algorithmen treffen Entscheidungen auf Grundlage ihrer selbstständig erworbenen Erfahrungen, wobei sie aufgrund ihrer Anpassungsfähigkeit nicht auf die Voreinstellung ihres Programmierers angewiesen sind. Sie lernen durchgehend und bekommen stets ein Feedback für Ihre Entscheidungen, was sie mit Kindern vergleichbar macht. Diese

---

[157] Spindler/Seidel, NJW 2018, 2153 (2154).
[158] Hambacher Erklärung zur Künstlichen Intelligenz vom 3.4.2019, aufrufbar unter: https://www.bfdi.bund.de/SharedDocs/Publikationen/Entschliessungssammlung/DSBundLaender/97DSK_HambacherErklaerung.html;jsessionid=50F9B5363B8E9C7D61FEE1F9A3440A3A.1_cid323?nn=5217154 (zuletzt aufgerufen am 1.4.2020).

Entscheidungen sind im Nachhinein nicht oder nur bedingt nachvollzieh- und nachverfolgbar.

C. Fazit

Sowohl auf nationaler als auch auf europäischer Ebene herrscht unter dem Schlagwort „Künstliche Intelligenz" aktuell eine rege Diskussion über (lernfähige) Computersysteme, die auf Algorithmen basieren. Dabei sind Fachleute sich bewusst, dass damit Herausforderungen und Risiken einhergehen, auf die es sich einzustellen gilt. Die Darstellung hat gezeigt, dass trotz der zunehmenden Autonomie der Entscheidungsprozesse die Konstruktion einer „künstlichen Person" nicht notwendig ist. Bislang lassen sich sowohl Erklärungen mittels bestehender Normen zurechnen als auch bestehende Haftungssubjekte für durch autonome Systeme verursachten Schädigungen belangen.

Zwar ist die Entwicklung auf dem Gebiet noch nicht abgeschlossen und befindet sich stets im Wandel. Bei abstrakter Betrachtung können Algorithmen aber nur solche Entscheidungen treffen, die kausal auf menschlicher Vorstellungskraft basieren. Sie sind somit Produkte des menschlichen Geistes. In diesem Zusammenhang reicht die Autonomie der Entscheidungen der Algorithmen auch nur soweit, wie die Entscheidungskraft ihres Programmierers.[159]

Insoweit bleibt der Computer ein Assistent, der dazu geschaffen wurde, dem Menschen das Leben zu erleichtern. Die Arbeitshypothese bestätigt sich somit und, um es mit den Worten der Datenethikkommission zu sagen, bleibt es auch weiterhin dabei, dass „die Technik dem Menschen dient und nicht der Mensch der Technik unterworfen ist".[160]

---

[159] Herberger, NJW 2018, 2825 (2827).
[160] Gutachten der Datenethikkommission der Bundesregierung vom 23.10.2019, S. 40, abrufbar unter:
https://www.bmjv.de/SharedDocs/Downloads/DE/Themen/Fokusthemen/Gutachten_DEK_DE.html?nn=11678504 (zuletzt aufgerufen am 1.4.2020).